El otoño

Julie Murray

Abdo
LAS ESTACIONES
Kids

abdopublishing.com

Published by Abdo Kids, a division of ABDO, PO Box 398166, Minneapolis, Minnesota 55439.
Copyright © 2016 by Abdo Consulting Group, Inc. International copyrights reserved in all countries.
No part of this book may be reproduced in any form without written permission from the publisher.

Printed in the United States of America, North Mankato, Minnesota.

052015

092015

THIS BOOK CONTAINS
RECYCLED MATERIALS

Spanish Translator: Maria Puchol

Photo Credits: iStock, Shutterstock

Production Contributors: Teddy Borth, Jennie Forsberg, Grace Hansen

Design Contributors: Candice Keimig, Dorothy Toth

Library of Congress Control Number: 2015941652

Cataloging-in-Publication Data

Murray, Julie.

[Fall. Spanish]

 El otoño / Julie Murray.

   p. cm. -- (Las estaciones)

ISBN 978-1-68080-345-7

Includes index.

1. Fall--Juvenile literature. 2. Seasons¬--Juvenile literature. 3. Spanish language materials—Juvenile literature.
I. Title.

508.2--dc23

                    2015941652

Contenido

El otoño

El otoño es una de las
cuatro estaciones del año.

La primavera

El verano

El invierno

El otoño

5

El aire es más frío en el otoño.

Los días son más cortos.

Las hojas cambian de color.

Algunas se ponen amarillas.

Otras se ponen naranjas

o rojas.

Las hojas se caen a la tierra.

Josh rastrilla las hojas.

Los animales se preparan para el invierno. Las ardillas **recolectan** comida.

Los gansos vuelan al sur.

¡Los osos comen mucho!

Las calabazas se **tallan**.

Ellie ayuda a su padre.

Las manzanas se **recogen**.

¡A Aya le encanta el pastel

de manzana!

¿Qué harás este otoño?

Lo divertido del otoño

brincar en montones
de hojas

recoger manzanas

hacer fogatas

tallar calabazas

Glosario

recoger
agarrar de un tirón.

recolectar
reunir algo que está en
muchos sitios.

tallar
cortar algo dándole la forma
que uno quiere.

Índice

abdokids.com

¡Usa este código para entrar en abdokids.com y tener acceso a juegos, arte, videos y mucho más!

Código Abdo Kids:
SFK9192